ILS VONT ENCORE ME CHIER UNE PENDULE !

Du même auteur

Bulles de campagne (Fetjaine, 2007)
Sarko Story (Fetjaine, 2008)
Nico et Carla Story (Fetjaine, 2009)
La gauche, la droite et le centre (Fetjaine, 2010)
Hollande Story (Fetjaine, 2012)
Hollande, ô désespoir (Michel Lafon, 2014)

ISBN 13 : 978-2-7499-2508-0
LAF 1986
Dépôt légal : janvier 2015

Laurent Gerra

avec Jean-Louis Festjens

Merci pour ce président

Michel Lafon

Françaises, Français,

À mi-mandat (à mi-mandat, à mi-mandat, bois donc ton verre !) c'est le moment de faire le point sur ces années pas faciles.

C'est pas facile d'être à moins de 10 % de popularité.

C'est pas facile d'avoir une ex qui publie un livre méchant.

C'est pas facile d'avoir une vie amoureuse épanouie quand on est Président.

C'est pas facile d'être obligé de se cacher sous un casque intégral pour vivre une idylle et manger des croissants.

C'est pas facile d'être critiqué par tout le monde, y compris ses propres ministres.

Mais tout ça, c'est fini. Grâce au Choc de simplification, grâce au Pacte de responsabilité, en 2015, ça va repartir comme en 14 !

À vous, chères Françaises, chers Français, je n'ai rien à cacher. Voilà pourquoi j'ai décidé de publier ici quelques pages de mon journal intime et quelques-unes de mes plus belles photos. Vous les reconnaîtrez facilement, je suis dessus.

Quant à la situation du pays, ne vous faites aucun souci. Tout au long des années qui viennent de s'écouler, je vous ai fait beaucoup de promesses. J'en ferai encore. Je m'y engage.

Votre Président, François

LE PRÉSIDENT ENCORE À TULLE

(CONTREPÈTERIE)

François Hollande à Blagnac, 9 janvier 2014.

L'incident *Closer* plombe mon début d'année, mais j'ai confiance. Ça va passer. Et puis, ça n'intéresse pas les Français. D'ici quelques jours, tout cela sera oublié, l'économie repartira, le chômage baissera et il fera beau.

Cher journal,

Je suis en train de lire le livre de Qui-tu-sais. Que des méchancetés.
Que des déplaisances...
Moi qui suis toujours gentil, aimable, attentionné, je passe pour un égoïste indifférent, menteur et volage, qui se moque des pauvres et qui trompe tout le temps tout le monde. Nooooon !
Il faut que je revienne en arrière, à l'époque où tout a commencé.
C'était début janvier, le 10 pour être précis. C'est bien, d'être précis.
Un journal que je ne citerai pas (Closer) prétend que j'ai une liaison avec l'actrice Julie Gayet. Que je pars la retrouver en scooter rue du Cirque. Et même que mon garde du corps apporte les croissants.
C'est un mensonge ! Jamais je n'ai emmené Popaul* au Cirque.
Et puis, euh, c'est ma vie privée. Ça ne regarde personne.
Sauf toi, cher journal.
C'est pour ça que j'ai collé mes photos privées avec JG.
J'écris JG, parce que sinon on va savoir que c'est Julie Gayet.
On ne sait jamais, si ce journal tombait dans de mauvaises mains...

* Popaul, c'est le nom de mon garde du corps.

Dans mon gouvernement, ce qu'il y a de bien, c'est les conseillers de la Présidence : Claude Sérillon, Jean-Pierre Jouyet, Aquilino Morelle, que des types formidables ! Surtout Aquilino Morelle. Et puis qu'est-ce qu'elles brillent ses chaussures ! Je me demande comment il fait. À la réflexion, je vais peut-être devoir m'en séparer.

Jean-François Copé et Jérôme Lavrilleux lors d'un meeting.

Fin février, juste après les JO de Sotchi, enfin une nouvelle amusante: *Le Point* sort l'affaire Bygmalion. Ça fait du bien de pouvoir s'amuser un peu. C'est bon de rire. Le maire de Meaux et Président de l'UMP Jean-François Copé est pris dans l'engrenage. Le Meldois, dans l'engrenage ! Ha, ha ! C'est bon de rire... Enfin bref, il finira par démissionner. Démissionner... Quelle drôle d'idée. Est-ce que je démissionne, moi ?

Meeting de Jean-François Copé en mars, entre les deux tours des municipales, avec entre autres Jérôme Lavrilleux, Roger Karoutchi, Pierre Charon et Nadine Morano.

En mars, raclée aux élections municipales. La gauche perd 121 villes, le Front national en gagne 14, la droite ramène sa fraise. C'est très déplaisant. Ce n'est pas bien. Je l'ai dit, ça, à Jean-Marc Ayrault: « Jean-Marc, ce n'est pas bien! » Il faut voir sa mine piteuse. Je vais devoir m'en séparer.

Francois Hollande, Manuel Valls, Jean-Marc Ayrault et Najat Vallaud Belkacem, Palais de l'Élysee, 19 mars 2014.

D'ailleurs, je vais en profiter pour dégager un paquet de bras cassés. Moscovici, Peillon, Carlotti... Ça va pas changer grand-chose, mais ça soulage.

Manuel Valls et Nicolas Sarkozy au Parc des Princes, mars 2014.

Le 31 mars, je nomme Manuel Valls Premier ministre.
Il est très content. Le reste de la gauche, moins. Cécile Duflot démissionne, verte de rage. Je m'en fiche. C'est moi le chef. C'est moi qui décide. Non, mais.
À la réflexion, j'aurais dû attendre un jour de plus. Le 1er avril, ça aurait été mieux... Non, c'est une blague. Un poisson d'avril.

Cher journal,

Je suis toujours en train de lire le livre de Qui-tu-sais.
Elle dit que nous ne pouvons pas nous empêcher de nous toucher.
Qu'il y a comme un champ électro-magnétique, entre nous. Comme Louis de Funès et Claude Gensac dans «Le gendarme se marie!»
Dès qu'on s'embrasse, Bzzzzt! Et puis juste après, paf!, une méchanceté.
Je serais « introverti, sans émotion, plus normal que la normalité»...
Même pas vrai!
C'est pas gentil de dire des choses comme ça. Je suis très déçu.
Il y en a qui disent que j'aurais dû me défendre. Je l'ai entendu, ça!
Mais nooon!
Moi, président de la République, je n'ai pas à me justifier. Sinon, je n'en finirais pas.
Moi, président de la République, je dois faire en sorte que mon comportement soit à chaque instant exemplaire. Je l'ai dit, ça, lors du débat contre l'agité du cap Nègre! Et s'il n'est pas exemplaire, mon comportement, eh bien je dois faire comme si.
Moi, président de la République, je suis un être tout en nuances.
Enveloppé, d'accord, mais tout en nuances. C'est pour ça qu'on parle de 50 nuances de gros.
Moi, président de la République, je dois rester digne en toutes circonstances. Même quand il pleut. Même quand on va droit dans le mur.
En 2011, déjà, Jean-Luc Mélenchon m'avait traité de «capitaine de pédalo».
Je le sais. Mais il se trompait. Et en regardant cette photo des jours heureux, prise à bord d'un bateau-mouche, j'ai enfin trouvé ce que j'aurais pu lui répondre, à Mélenchon: «Pédalo, non! Pas pédalo!
Le capitaine du Titanic, voilà ce que je suis!»
Et je dis: en avant toute!

François Hollande au sommet du G7, Bruxelles, 5 juin 2014.

Vladimir Poutine, Angela Merkel et François Hollande lors des cérémonies du 70e anniversaire du Jour J, à Ouistreham, le 6 juin 2014.

Début juin, juste après les élections européennes, sommet du G7 à Bruxelles. Le Front national est arrivé en tête, avec 24 élus, suivi de l'UMP avec 20 élus, et le PS finit avec seulement 13 élus. Bravo, Manuel valls! Et en plus on m'embête avec cette histoire de 3 % de déficit qu'il faudrait respecter. Première nouvelle ! Ça va pas être facile.

François Hollande et la reine Elizabeth II lors des cérémonies du 70e anniversaire du Jour J, à l'Arc du Triomphe, Paris, le 5 juin 2014.

Heureusement, juste après le G7, les 5 et 6 juin, j'ai l'occasion de faire le beau. Pour le soixante-dixième anniversaire du Débarquement, je reçois les grands du monde entier. Obama, Merkel, Poutine, la reine Elizabeth...

Les Français sont impressionnés. Je vais en faire d'autres, des commémorations. Ça marche bien.

Et puis, comme on le voit sur la photo, je suis très élégant en smoking. Surtout mon pantalon... →

AU SERVICE SECRET DE SA MAJESTÉ

Qui a pété ?
GOD SAVE THE QUEEN !
TAKE THAT IN YOUR NOSE, BLOODY FRENCHIE !
POOOÔN !

Cérémonies du 70e anniversaire du Débarquement à Ouistreham, 6 juin 2014.
Page de gauche : La Reine Elizabeth II à Paris, le 5 juin 2014.

Qui a pété ?

François Hollande, Nicolas Sarkozy, Valéry Giscard d'Estaing et Claude Bartolone lors des cérémonies du 70e anniversaire du Débarquement, Ouistreham, 6 juin 2014.

Malgré tout, je suis respecté par les gens qui ont fait le même métier que moi.

Cher journal,
Ah ben ça y est, j'en suis au passage où Qui-vous-savez raconte notre rencontre, notre premier baiser.
«Un baiser digne d'une scène de cinéma», qu'elle écrit... «Un baiser en plein carrefour, à Limoges». C'est faux. Elle ment. C'est une contre-vérité ! C'était pas chez Carrefour à Limoges, c'était chez Leclerc à Tulle, en Corrèze*, au rayon lingerie. Eh oui, François Hollande, encore à Tulle. Moi, de voir tous ces pèse-mou en dentelle, ça m'avait porté aux sens. Je suis comme ça, cher journal. A toi, je peux bien l'avouer. Il y en a qui disent que j'aurais mieux fait de me casser une jambe, ce jour-là, que ça m'aurait évité bien des soucis. Mais je ne regrette rien. Autant en emporte le moment.
«Comment n'ai-je pas mesuré l'étendue des dégâts qui allaient s'abattre sur moi», écrit-elle. Elle est bonne, celle-là ! Et moi, alors ?

* Tulle en Corrèze, c'est une contrepèterie. Ça fait «J'encule Thorez». Mais ça, je le garde pour moi, ce serait mal vu. Mais à toi, cher journal, je peux tout dire.

LOOK, FRANÇOIS ! LA REPRISE ! ELLE EST LÀ !
OÙ ÇA ? J'VOIS RIEN !

David Cameron et François Hollande, à Ypres, le 26 juin 2014, dans le cadre du centenaire de la Première Guerre mondiale.

Comme ça a bien marché, le 70e anniversaire du Débarquement, j'enchaîne avec le centenaire de 1914. L'occasion de retrouver toute la petite bande. Bon, ils me charrient toujours un peu, à cause du déficit, tout ça, mais dans le fond je sais qu'ils m'aiment bien. À part la Teutonne, qui se prend pour le chef. Décidément, j'y comprendrai jamais rien, aux femmes.

Fin juin, Marine Le Pen échoue à former un groupe à Bruxelles, malgré son alliance avec le comte Dracula du PVV néerlandais, et d'autres sympathiques démocrates. C'est bien fait. D'ailleurs, il m'énerve, ce Parlement européen. Toujours à râler, à nous demander des comptes. Mal polis et compagnie! J'ai bien fait de nommer Harlem Désir aux Affaires européennes, ça leur fera les pieds.

Marine le Pen et Geert Wilders, chef du PVV néerlandais, au Parlement de Bruxelles.

Bon, j'ai eu un peu de travail, ces derniers temps, mais j'ai enfin le temps de revenir à toi, cher journal. Cher fidèle et silencieux compagnon. Je me cramponne pour continuer à lire le livre de Qui-tu-sais, mais c'est pas facile, de lire toutes ces méchancetés. C'est pas facile, de voir étaler toute notre intimité. On dirait Les Ch'tis à l'Élysée. C'est pas facile d'imaginer tous les gens qui vont rigoler en lisant ça. Tiens, le passage sur mon élection. Oui, j'ai eu une élection. Et même, euh, vigoureuse.

Eh bien elle dit qu'elle me demande de l'embrasser « sur la bouche », parce que je venais d'embrasser Ségo sur la joue. Je te l'avoue, cher journal, ce soir-là elle commence à me faire un peu peur, avec son bras levé pour que tout le monde la voie bien... Après, j'ai eu l'air bête.

Bernadette Chirac et Nicolas Sarkozy lors de l'inauguration de l'Institut Claude Pompidou à Nice.

En juin, l'UMP remplace Jean-François Copé par un triumvirat de choc : Juppé, Fillon et Raffarin, auxquels vient s'ajouter Luc Chatel. Oui, oui, oui... Mais à moi, on ne me la fait pas. Je sens bien que Sarko rôde...

Un petit tour sur le Tour, et puis c'est les vacances!
Des vacances avec le feuilleton de l'été: mon mariage avec Julie Gayet! Les journalistes sont bêtes. Ils s'excitent avec ça durant toutes les vacances, alors que je n'ai jamais épousé personne!
Le mariage pour tous, mais pas pour moi!

François Hollande lors de la 6e étape du Tour de France.

La Secrétaire d'État américaine Hillary Clinton et le président Hollande à l'Élysée, le 8 juillet 2014.

Peu à peu, mon style s'impose. Tout le monde veut m'imiter !

François Hollande et Manuel Valls, 22 juillet 2014.

François Hollande et la maire de Paris Anne Hildalgo, 22 juillet 2014.

Bon, j'aurai au moins réussi une chose: le monde entier se passionne pour mes affaires de cœur. On me prête des aventures tous azimuts! Je suis un séducteur! Le Casanova de la rue du Cirque ! Incroyable! Comme quoi, hein... Mais, euh, j'assume, avec dignité. Parce que « l'exercice du pouvoir sera exercé avec dignité ». Je l'ai dit, ça!
Et je le redis. Irréprochable et digne. C'est tout moi.

François Hollande et Nathalie Iannetta, conseillère sportive de la Présidence de la République.

Eh bien oui, cher journal, je l'avoue : je suis un séducteur.
Je suis un homme à femmes. Comment elle dit, dans son livre,
Qui-vous-savez ? Je procure « des moments d'ivresse comme
seul l'amour fou peut en produire. » Eh ben ! On croirait pas,
hein ? Je n'en reviens pas moi-même. Mais c'est comme ça : elles
tombent toutes à mes pieds.
Et puis, rien que des belles, en plus ! Et puis intelligentes !
J'en entends qui disent : avec JG, ça ne durera pas (je mets JG
pour pas qu'on la reconnaisse, mais c'est Juju dont je parle, cher
journal) ! J'en entends qui disent : qui sera la prochaine ?
Je l'ai entendu, ça !
Mais, euh, je ne rentrerai pas dans ce jeu. La vie privée du Président
doit rester privée.

Les ministres Arnaud Montebourg, Aurélie Filippetti et Benoît Hamon à l'Assemblée, le 23 juillet 2014.

Alors que je m'efforce de redresser le pays, tout autour de moi il y en a qui râlent. Je le sais, ça! Pas seulement les Verts. Pas seulement le Front de gauche. Mais aussi les frondeurs. Et la mère Tapedur, à Lille. Et les pieds nickelés Montebourg/Filippetti/Hamon. Il m'agace, Montebourg...

Qui a pété ?

François Hollande au Challenge mondial de l'Innovation, le 23 juillet 2014.

Heureusement que je peux compter sur Manu.
Il est bien. Il fait tout comme moi.

Manuel Valls
sur le perron
de Matignon.

François Hollande au café du Croissant le 31 juillet 2014, pour la commémoration du centenaire de l'assassinat de Jean Jaurès.

Pour prouver aux mal pensants qui doutent encore que je sois profondément de gauche, je fête l'anniversaire de Jaurès (ou quelque chose comme ça) au café du Croissant.

Page de droite :
Séminaire gouvernemental du 1er août 2014 à l'Élysée.

BON, ARNAUD, TU VIENS OU QUOI ?
NON, IL FAIT LA GUEULE...

Le prince William, la duchesse Kate de Cambridge et François Hollande à Liège, Belgique, commémoration du centenaire de la Première Guerre mondiale, le 1er août 2014.

Et je commémore, et je commémore. J'aime bien commémorer. C'est reposant. Et puis je sens que tout le monde m'aime bien. Je le sens, ça!

Qui a pété ?

François Hollande, la reine Mathilde et le roi Philippe de Belgique.

La duchesse Kate, François Hollande et la reine Mathilde, Liège, 4 août 2014.

COLORIE
FRANÇOIS HOLLANDE
Le cahier d'activités du président !

Le grand coloriage du Président

Trace la route du Président

En reliant les points, découvre le véhicule sur lequel François Hollande le Prince charmant emmène sa belle rue du Cirque !

LE PRÉSIDENT ENCORE À TULLE

(CONTREPÈTERIE)

Toulon, le 15 août 2014, pour la commémoration du 70e anniversaire du débarquement en Provence.

FRANÇOIS HOLLANDE

à la fois
le prince charmant
et les 7 nains !

GRINCHEUX
DORMEUR
ATCHOUM
TIMIDE
MAIS OÙ EST BLANCHE-NEIGE ?

Benoît Hamon et Arnaud Montebourg lors de la Fete de la rose de Frangy-en-Bresse, le 24 août 2014.

Lors de sa Fête de la Rose à Frangy, Arnaud Montebourg ironise, avec sa finesse habituelle. Il veut m'envoyer la cuvée du redressement productif! Je vais te le redresser, moi, celui-là, ça va pas tarder...

Cher journal,

Je ne suis pas content du tout du livre de Qui-vous-savez. « Le Président n'aime pas les pauvres ». « En privé, il dit les Sans-dents ». Là, non seulement, c'est pas gentil, mais en plus c'est, euh, vraiment pas gentil ! C'est condescendant. Euh, non, pas condescendant !

Christiane Taubira et Benoît Hamon aux Universités d'été du PS à La Rochelle, 30 août 2014.

À la rentrée, les ministres frondeurs, Montebourg en tête, tentent d'entraîner Christiane Taubira dans leur rébellion. Je sens que je dois faire quelque chose. Je sais. Je vais aller à l'Île de Sein.

Christiane Taubira, Benoît Hamon et Arnaud Montebourg sur le perron de l'Élysée.

Mauvaise idée. À l'Île de Sein, je me suis fait rincer. Un vrai Ice Bucket Challenge. Aaaatchoum !

François Hollande à l'Île de Sein, dans le cadre des commémorations du 70e anniversaire de la Libération.

Cher Journal,

Encore une fois, Qui-Tu-Sais me fait passer pour un indifférent. Une dispute, dans notre chambre, sur notre lit. Claude Sérillon qui me suit, jusque dans notre salle de bains. Et puis elle qui se précipite dans cette même salle de bains pour aller avaler un sac de somnifères, qui s'éparpillent sur la moquette. On dirait Gérard Jugnot dans « Le père Noël est une ordure » : « N'approchez pas ou j'avale tout ! » Ou alors du Feydeau : « Cette salle de bains sera mon tombeau ! »
Elle va même jusqu'à me reprocher mon bon Claude Sérillon, mon conseiller à la Présidence, qui m'accompagne jusque dans ma salle de bains. Mais, elle est drôle ! Qui va me faire mon Régécolor ?
À la rentrée, le livre sort. Je suis embêté. Tout le monde rigole. Il est temps de faire preuve d'autorité. Je vais virer Montebourg.

Arnaud Montebourg, François Hollande et Anne Lauvergeon, présidente de la commission Innovation 2030.

Montebourg pas gentil = Montebourg viré! Na!

Toujours dans le livre de Qui-vous-savez. Elle évoque nos vacances en Grèce, quand nous parcourions les îles en scooter, sans casque, comme Sarkozy. Aaaah, le scooter !.... Il est bien loin, le temps de l'insouciance, où je dansais le sirtaki sur une chanson de Dalida, tandis que nous roulions, cheveux au vent ! Enfin, surtout elle...

Elle dit que je la rends folle quand je joue sur la réserve d'essence alors que nous sommes perdus en rase campagne. C'est tout moi, ça. D'ailleurs, avec les Français, c'est pareil. Je les rends fous alors que je joue avec les réserves de sous alors que nous roulons droit dans le mur...

LE JEU DES 7 erreurs DU PRÉSIDENT

Ces deux photos paraissent identiques. Et pourtant, 7 erreurs se sont glissées dans la photo de droite. Saurez-vous les découvrir ?

SOLUTION

1. Manuel Valls est mieux placé. 2. On a changé le pupitre pour qu'il ne casse pas, comme la dernière fois. 3. La cravate de François Hollande est de travers. 4. Jean-Marc Ayrault est viré. 5. Vincent Peillon est viré. 6. Arnaud Montebourg est viré. 7. Christiane Taubira a changé de veste.

Cher journal, c'est pas facile. Je l'ai dit, ça ! Et je le redis encore. Et je le re-redis. C'est pas facile. Mais j'ai confiance. Et d'ailleurs j'ai instauré un petit rituel, à l'Élysée. Avant le Conseil des Ministres, un petit tour à la chapelle pour une petite prière ! Ça peut pas faire de mal. Parce que, franchement, à moins d'un miracle...

François Hollande et Manuel Valls sur le perron de l'Élysée, le 27 août 2014.

On me dit « virage social-libéral ». On me dit « 50 milliards de cadeaux aux entreprises ». Mais nooon ! Il en va de ma responsabilité, de faire appliquer le Pacte de responsabilité. Et je sais que je peux compter sur Manuel.

David Cameron, Barack Obama et François Hollande lors du G7 à Bruxelles.

Comme prévu, tout le monde rigole. C'est pas facile de passer pour un vilain bonhomme aux yeux du monde entier.
C'est pas facile de ne pas entendre les ricanements.
Heureusement, il me reste les pique-niques avec Juju...

Claude Sérillon, Gérard Leclerc et Julie au Stade Charléty.

François Hollande au sommet de l'OTAN, au pays de Galles, le 4 septembre 2014.
Page de droite : François Hollande pilote un drone, le 9 septembre.

Ma relation avec Juju m'aide à tenir le coup. Mon jeu vidéo aussi... C'est un jeu de drones. Un Game Of Drones !

LAISSEZ-MOI TRANQUILLE ! POUR UNE FOIS QUE JE GAGNE À QUELQUE CHOSE !
C'EST UN GRAND ENFANT !

PHOBIE ADMINISTRATIVE

Thomas Thévenoud et Laurent Fabius, 28 août 2014.

Début septembre, une nouveauté: la phobie administrative. On ne me l'avait encore jamais faite, celle-là. Juste après sa nomination au poste de Secrétaire d'État au Commerce extérieur, on découvre que Thomas Thévenoud ne payait pas ses impôts, ni son loyer, ni son kiné, ni ses amendes, ni EDF... Je me sens las.

En septembre toujours, la Mère Tapedur ramène sa fraise. On lui a rien demandé, à celle-là ! Je la vois venir : elle veut mon job en 2017 ! Dans ses rêves ! Elle peut toujours courir ! En 2017, je me représenterai. Oui, parfaitement.

Martine Aubry lors de l'ouverture de la Braderie de Lille, 6 septembre 2014.

Cher journal,

Heureusement que j'ai Juju. Nos pique-niques dans le parc de l'Élysée. Elle passe par la porte de derrière avec un petit panier contenant tout le nécessaire : rillettes, baguette, nappe à carreaux, cornichons, tout ce qu'i faut.
Et moi, je m'occupe du Jaja, pour Juju.
Elle est drôle, Juju. Elle m'envoie des piques et après on ni... Non, c'est ma vie privée. Même à toi, cher journal, je ne peux pas tout dire.
Mais des fois, après, on danse. Les Français l'ignorent, mais j'ai un sens du rythme invraisemblable. C'est mon jardin secret.

AVEC TOUT CE QUI SE PASSE, JE SUIS TOUJOURS OBLIGÉ DE FAIRE TAMPON!

Ci-dessus, François Hollande et Angela Merkel au Sommet de L'OTAN, 5 septembre 2014.
Page de gauche : Le président Hollande à l'Élysée, le 9 septembre 2014.

Tout le monde vous le dira : ce qui me sauve, c'est mon sens de l'humour !

LE PRÉSIDENT ENCORE À TULLE

(CONTREPÈTERIE)

Manuel Valls et François Hollande, Place de la Concorde le 14 juillet 2014.

Cher journal,

Moi Président de la République, je suis toujours avec Juju, quoi qu'en disent les journaux méchants que je ne citerai pas (Closer, VSD).
Moi, Président de la République, je n'ai pas à me cacher, mais je me cache quand même, parce que ça plait aux gens, mes histoires de cœur.
Moi, Président de la République, je dois toujours surprendre les Français. C'est normal. Je suis un Président normal. Et j'ai le droit de faire du scooter si je veux. C'est mon côté Easy Rider. Mon côté rebelle de l'amour.

Qui a pété ?

Réunion sur Daesh à l'Élysée, 15 septembre 2014.

Qui a pété ?

François Hollande lors de sa conférence de presse à l'Élysée, 18 septembre 2014.

Jogging à Paris
pour Nicolas Sarkozy,
le 10 septembre 2014.

Et comme prévu, Sarko revient. Je l'avais prévu, ça ! Il vient faire son malin à la télé, mais il s'énerve.

Nicolas Sarkozy en meeting de campagne pour la présidence de l'UMP, Lambersart, le 25 septembre 2014.

SIMPLIFICATION
PARIS - JEUDI 30 OCTOBRE 2014
C'EST SIMPLE, LA SIMPLIFICATION. IL SUFFIT, EUH, DE SIMPLIFIER !
SIMPLIFICATION
Paris - Jeudi 30 octobre 2014

Ci-dessus et page de gauche :
Conférence de présentation des mesures de simplification administrative, Élysée, 30 octobre 2014.

À la fin de l'année, ma cote de popularité est au plus bas. 15%, et c'est pas fini. Et mon bon Manuel dégringole avec moi. Bien fait.
Si ça continue, je vais devoir m'en séparer.

Laurent Fabius, Emmanuel Macron et Manuel Valls lors de la conférence de presse du Président, le 17 septembre 2014.

Qui a pété ?

Fin novembre, l'UMP se déchire, à cause de François Fillon. Manque de bol, mon Jouyet extraordinaire est dans le coup !

Le Président François Hollande et Jean-Pierre Jouyet à l'Élysée.

Cher journal,

Période de grande confusion. Sondages au plus bas. Crise de confiance au PS. Pas de résultats sur le chômage, ni sur la croissance, ni sur la dette, ni sur rien du tout ! À mi-mandat, mon bilan n'est pas irréprochable. Je l'ai entendu, ça.
Et j'en ai conscience. Mais alors, que faire ? Que faire pour que tout aille bien ? Que faire pour que, dans deux ans, je puisse me représenter sous les acclamations d'une foule en délire, hurlant « Merci ! Merci pour ce Président ! »
Parce que là, c'est pas gagné.
Faut-il songer à resserrer le couple franco-allemand ? Je songe à Angela, mais non. Je n'en ai pas la force.
Allez, courage ! Plus que six mois, et c'est les vacances ! Les vacances avec Juju !

PHOTOGRAPHIES : P. 1 © DUFOUR/POOL/SIPA ; P. 3 © RUET/SIPA ; P. 4 © PHOTOMONTAGE D'APRÈS LE FILM *VERTIGO*/SIPA ; P. 6 © FRÉDÉRIC LANCELOT/SIPA ; P. 7 © SUPERSTOCK/SIPA ; P.8-G © ERIC DESSONS/JDD/SIPA ; P.8-D © ZIHNIOGLU KAMIL/SIPA ; P. 9 © ERIC BAUDET/JDD/SIPA ; P. 10 © WITT/SIPA ; P. 11 © CHRISTOPHE ENA/AP/SIPA ; P. 12 © PDN/SIPA ; P. 13 © PHOTOMONTAGE D'APRÈS LE FILM *TITANIC* MARY EVANS PICTURE LIBRARY/SIPA ; P. 14-H © AP PHOTO/GEERT VANDEN WIJNGAERT ; P. 14-B © ISOPIX/SIPA ; P. 15 © CHRISTOPHE ENA/AP/SIPA ; P. 16 © CHARLES PLATIAU/AP/SIPA ; P. 17 © ROMUALD MEIGNEUX/SIPA ; P. 18 © ROMUALD MEIGNEUX/SIPA ; P. 19 © DAVID SILPA/NEWSCOM/SIPA ; P. 20-H © DAVID SILPA/NEWSCOM/SIPA ; P. 20-BG : LCHAM/SIPA ; P. 20-BD © : POOL/SIPA ; P. 21 © PHOTOMONTAGE D'APRÈS LE FILM *AUTANT EN EMPORTE LE VENT*/SIPA ; P. 22 © DIDIER LEBRUN/POOL/ISOPIX ; P. 23 © DIDIER LEBRUN/POOL/ISOPIX ; P. 24 © NEWSCOM/SIPA ; P. 25 © LAURENT CIPRIANI/AP/SIPA ; P. 26H-B © BRUNO BEBERT/SIPA ; P. 27 © ZIHNIOGLU KAMIL/SIPA ; P. 28 © DAVID SILPA/NEWSCOM/SIPA ; P. 29 © NIVIERE/WITT/SIPA ; P. 30 © FRANCOIS MORI/AP/SIPA ; P. 31 © GILLES ROLLE-POOL/SIPA ; P. 32 © PHOTOMONTAGE D'APRÈS LE FILM *LAWRENCE D'ARABIE*/SIPA ; P. 33 © WITT/SIPA ; P. 34 © HAMILTON-POOL/SIPA ; P. 35 © WITT/SIPA ; P. 36 © YOAN VALAT/AP/SIPA ; P. 37 © LCHAM/SIPA ; P. 38 © TIM ROOKE/REX/REX/SIPA ; P. 39H-B © ISOPIX/SIPA ; P. 40 © TIM ROOKE/REX/REX/SIPA ; P. 41-H © THIERRY CHESNOT/SIPA ; P. 41-BG © PHILIPPE WOJAZER/AP/SIPA ; P. 41-BD © CHAMUSSY/SIPA ; P. 42-HG © FRÉDÉRIC LANCELOT/SIPA ; P. 42-HD © NICOLAS TAVERNIER-POOL/SIPA ; P. 42-BG © REVELLI-BEAUMONT/SIPA ; P. 42-BD © YVES LOGGHE/AP/SIPA ; P. 44 © NICOLAS MESSYASZ/SIPA ; P. 45 © PHOTOMONTAGE D'APRÈS PHOTO NANA PRODUCTIONS/SIPA ; P. 46 © ROBERT NOSSANT/SIPA ; P. 47-H-B © VILLARD/SIPA ; P. 48-49 © REVELLI-BEAUMONT/SIPA ; P. 50-51 © PHOTOMONTAGE D'APRÈS PHOTO NANA PRODUCTIONS/SIPA ; P. 52-H-B © HAMILTON-POOL/SIPA ; P. 53 © PHOTOMONTAGE D'APRÈS PHOTO SUPERSTOCK/SIPA ; P. 54 © PHILIPPE WOJAZER-POOL/SIPA ; P. 55 © DENIS ALLARD-POOL/SIPA ; P. 56 © PHOTOMONTAGE D'APRÈS LE FILM *LES TONTONS FLINGUEURS*/SIPA ; P. 57 © LAURENT/VU/SIPA ; P. 58 © CHARLES DHARAPAK/AP/SIPA ; P. 59 © LVPROD/SIPA/SIPA ; P. 60 © STEFAN ROUSSEAU/AP/SIPA ; P. 61 © PATRICK KOVARIK/AP/SIPA ; P. 62-H-B © WITT/SIPA ; P. 63-H © WITT/SIPA ; P. 63-B © FRÉDÉRIC LANCELOT/SIPA ; P. 64 © M. LIBERT/20 MINUTES/SIPA ; P. 65 © PHOTOMONTAGE D'APRÈS LE FILM *GREASE*/SIPA ; P. 66 © PATRICK KOVARIK/AP/SIPA ; P. 67 © ALAIN JOCARD-POOL/SIPA ; P. 68 © DAVID SILPA/NEWSCOM/SIPA ; P. 69 © PHOTOMONTAGE D'APRÈS PHOTO MCP/REX FEATURES/REX/SIPA ; P. 70 © MICHEL EULER/AP/SIPA ; P. 71 © WITT/SIPA ; P. 72 © ANTOINE CAU/SIPA ; P. 73-H-B © MICHEL SPINGLER/AP/SIPA ; P. 74 © VILLARD/SIPA ; P. 75 © PHILIPPE WOJAZER/AP/SIPA ; P. 76 © CHRISTOPHE PETIT TESSON-P/SIPA ; P. 77 © FRANCOIS MORI/AP/SIPA ; P. 78 © PHOTOMONTAGE D'APRÈS PHOTO ANDREW OLNEY/MOOD BOA/REX/SIPA ; P. 79 © PHOTOMONTAGE D'APRÈS PHOTO OJO IMAGES/REX FEATURES/REX/SIPA ; P. 80 © VILLARD/SIPA.

CAHIER D'ACTIVITÉS : © VILLARD/SIPA ; © APESTEGUY/SIPA ; © EF2/ZOB/ZDS/WENN.COM/SIPA ; © SIPANY/SIPA ; © REAU ALEXIS/SIPA

CONCEPTION GRAPHIQUE : FRANÇOIS PLASSAT / **PHOTOMONTAGES :** GILLES LEGLEYE ET MATHIEU THAUVIN

Achevé d'imprimer en France.